QI-6

Texte : The Puzzle House
Conception : Chalk & Cheese

Tous droits réservés
© 2001 Top That! Publishing plc
Pour le Canada
© Les éditions Héritage inc. 2003
Traduit de l'anglais par Louise Binette
Révisé par Ginette Bonneau
Imprimé en Italie

L'INTRUS

Lequel de ces cercles est l'intrus?

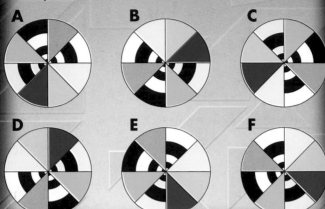

A B C

D E F

MOTS AU CARRÉ

Place les paires de lettres dans la grille ci-dessous de façon à former quatre mots qui se lisent à la fois horizontalement et verticalement.

AM MI

ER GI

E L E R

S A R E

L'ANNIVERSAIRE DE LÉA

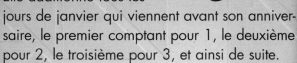

Léa est née en janvier.

Elle additionne tous les jours de janvier qui viennent avant son anniversaire, le premier comptant pour 1, le deuxième pour 2, le troisième pour 3, et ainsi de suite.

Elle additionne ensuite tous les jours de janvier qui viennent après son anniversaire.

Le total des jours venant après l'anniversaire de Léa est égal à trois fois le total des jours venant avant son anniversaire.

Quelle date Léa est-elle née?

LE MOT DE LA FIN

Quel mot vient après les mots ci-dessous pour en former de nouveaux?

M A R I _____

M É N _____

I M _____

5

COUPER LES CHEVEUX EN QUATRE

En commençant par la ligne d'en haut, déplace-toi d'un nombre à l'autre, verticalement ou horizontalement, pour atteindre la ligne du bas. Tu ne peux t'arrêter que sur les nombres qui se divisent exactement par 4.

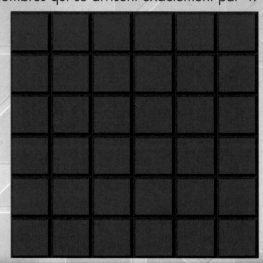

6

CAMOUFLAGE

Le nom d'un animal se cache dans la phrase ci-dessous. Trouve-le en joignant des mots ou des parties de mots.

Le vieil homme alla marcher au bord de la mer.

LE CERCLE MAGIQUE

Chaque réponse est un mot de cinq lettres que tu dois inscrire dans l'espace prévu en commençant par l'extérieur et en terminant au centre par la lettre «E». Une fois la grille remplie, tu découvriras dans le cercle extérieur le nom d'un sport, qui peut commencer n'importe où.

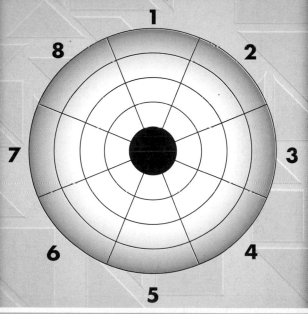

1) abri vitré
2) s'introduit   3) vent léger
4) la plus âgée
5) bouquin   6) femelle du loup
7) avaler un liquide
8) grand végétal

8

HAUT EN COULEUR

On a retiré la couleur de la peinture qui s'échappe des tubes. Le contenu de deux tubes s'est mélangé. Quelle couleur obtiendra-t-on ?

9

QUATRE TROUS D'UN COUP !

Quel mot de trois lettres permet de compléter tous les mots ci-dessous ?

P _ _ _ L E

_ _ _ L E U R S

B _ _ _

M _ _ _ L O T

CHAQUE NOMBRE À SA PLACE

Remets chaque nombre à sa place dans la grille.

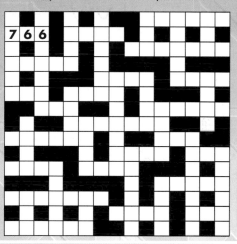

3 chiffres

118	469	710	873	931
225	507	766	882	999

4 chiffres

1291	3250	4661	5814	7230	9130
2116	3528	5280	5988	7772	
3103	4199	5406	6049	8302	

5 chiffres

40962   57390   62837   88719

6 chiffres

165594	280183	739940	900779
203701	572418	808214	962252

7 chiffres

1609832	3237482	6304641
2874610	3718493	9923555

11

QUESTION DE POIDS

Sept tablettes de chocolat géantes pèsent autant qu'un sac d'arachides plus une boîte de jus.

Cinq tablettes de chocolat géantes pèsent autant qu'un sac d'arachides plus trois tablettes de chocolat géantes.

Combien de sacs d'arachides pèsent autant que deux boîtes de jus?

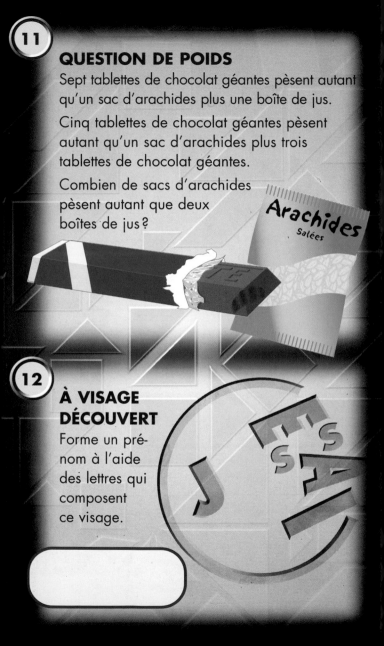

12

À VISAGE DÉCOUVERT

Forme un prénom à l'aide des lettres qui composent ce visage.

MESSAGE REÇU!

Le claviste a expédié son travail. Il s'est montré si négligent qu'il a tapé des nombres au lieu de taper des lettres. Chacun des nombres qui composent le message représente une des lettres qui se trouvent sous celui-ci sur le clavier. Par exemple, le nombre 1 peut représenter un Q, un A ou un Z. Le nombre 9 peut représenter un O ou un L. Peux-tu déchiffrer le message qui devrait apparaître sur l'écran? C'est un conseil que le claviste aurait dû suivre!

MESSAGE TAPÉ:

6 1 5 3 1

4 9 7 2

9 3 6 5 3 7 3 6 5

À DOUBLE SENS

Trouve l'énigme: la deuxième réponse est la première à l'envers.

MANIÈRE D'ÊTRE	*	PALPE
_ _ _ _	*	_ _ _ _

TOMBER SUR UN OS

Enlève les os un à un en prenant toujours celui qui se trouve sur le dessus. Dans quel ordre les prendras-tu?

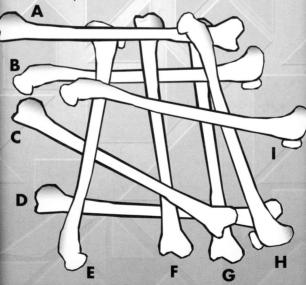

LE NOMBRE PASSE-PARTOUT

(16)

Complète le mot avec un nombre compris entre UN et DIX.

| _ _ _ _ UAGÉNAIRE |

LA MINUTE DE VÉRITÉ

(17)

Combien de minutes est-il après trois heures si, il y a 35 minutes, il était deux heures plus le double du nombre de minutes actuel?

SAUTE-LETTRES

(18)

Dans cet ensemble de lettres se trouvent deux mots de cinq lettres désignant chacun un fruit. Les mots se lisent de gauche à droite et les lettres sont dans le bon ordre. De quels mots s'agit-il?

P O P O M I M E R E

19

LA RONDE DES LETTRES

Quelles lettres doivent figurer dans la case jaune pour continuer la suite?

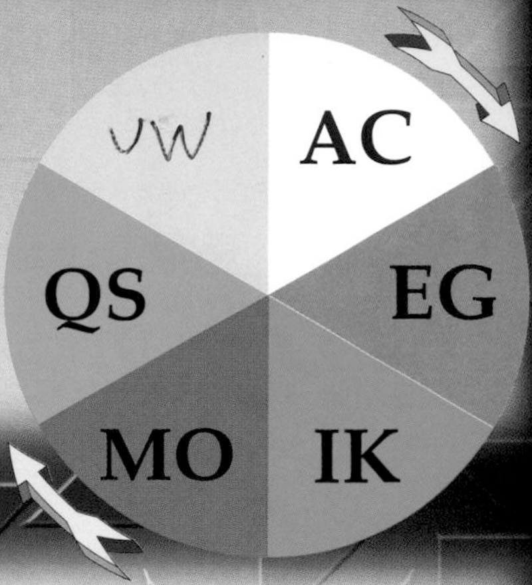

VW AC

QS EG

MO IK

20

MÉLI-MÉLO

Replace les lettres du mot ci-dessous pour former un nouveau mot de sept lettres.

P O U T I N E

_ _ _ _ _ _ _

Indice
ACÉRÉE

21

L'ENTRE-DEUX

Quel mot peut suivre le premier mot et précéder le second?

FEU (_ _ _ _ _) CITRON

A, B, C

Tous les A, les B et les C se trouvent déjà dans la grille. Peux-tu insérer tous les mots ci-dessous dans la grille? Il n'y a qu'une solution. Facile comme tout? Détrompe-toi!

aboli	berce	caser	écran	hache	réels
actes	bilan	casse	égale	hases	rient
amies	blanc	coder	encan	image	sages
arbre	bleue	cornu	encre	nappe	sauce
arête	bribe	cossu	engin	ocres	saute
bâclé	bruni	crème	épais	rabot	union
basse	cabot	ébène	ergot	racée	urnes
bébés	cache	école	gland	rater	utile

(23) CODE D'ACCÈS

Des lettres ont été remplacées par des symboles. Sachant que le premier groupe forme le mot « ordinateur », peux-tu déchiffrer le second mot, qui est aussi relié à l'informatique ?

O R D I N A T E U R

S O U R I S

(24) AU VESTIAIRE

Il y a 30 cases au centre sportif.

Les cases sont numérotées de 1 à 30. Par exemple, le 30 est formé d'un 3 et d'un 0.

Tous les nombres doivent être remplacés.

De combien de 2 aura-t-on besoin ?

MÉTAMORPHOSE

Remplis le sablier à l'aide des indices.
Jusqu'à la rangée 4, chaque nouvelle
réponse compte une lettre de moins que
la réponse précédente. Par la suite, tu dois
en ajouter une nouvelle jusqu'à la rangée 7.
Il est possible de changer l'ordre des lettres.

1. qui n'est pas éloigné
2. pierre
3. prénom masculin
4. instrument à vent
5. brun-jaune
6. puissance
7. meuble de rangement

LA ROUE DES NOMBRES

En tenant compte
de la direction des
flèches, trouve quel
nombre devrait
figurer dans la
section jaune pour
continuer la suite.

102 85 68 51 34

LA COULEUR MYSTÈRE

Trouve les lettres qui forment le nom d'une couleur. Attention, elles doivent être reliées entre elles!

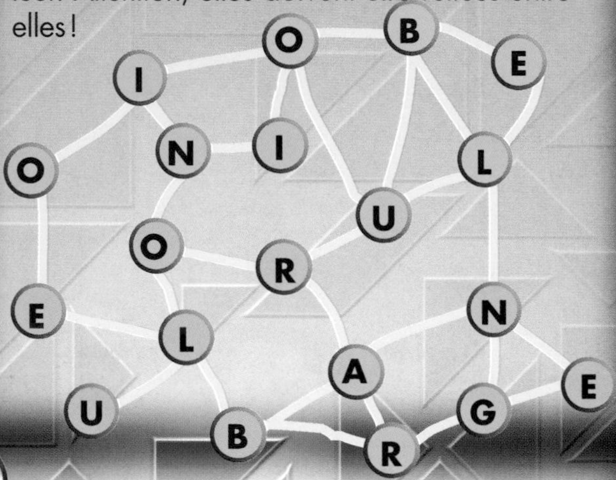

MOTS AU CARRÉ

Sachant que tous les mots doivent se lire verticalement et horizontalement, complète les carrés à l'aide des mots ci-dessous. Chaque carré doit contenir le mot «hors».

CHOU	HORS	HORS	ORÉE
ORME	RÉEL	SELS	USES

ÉQUATION VERBALE

En te servant de mots qui ont le même sens,
peux-tu créer un nouveau mot?

CHAMP   _ _ _

+ DOCUMENT   _ _ _ _ _ _

= EXCUSE   _ _ _ _ _ _ _ _

DES VOITURES À GARER

Quatre voitures sont garées
dans une rangée de quatre
créneaux de stationnement.
Les voitures sont noire, bleue,
rouge et jaune.
Il n'y a qu'une voiture à gauche de la rouge.
La jaune n'est pas garée à côté de la bleue.
Il n'y a qu'une voiture garée entre les voitures
jaune et noire.
Peux-tu diriger
les voitures dans
les créneaux
appropriés?

LES LETTRES INVISIBLES

Identifie les cinq lettres de l'alphabet qui n'apparaissent pas sur cet écran et utilise-les pour former le nom d'un dessert. Tu peux te servir d'une même lettre plus d'une fois.

LETTRES MANQUANTES

__ __ __ __ __

MOT À TROUVER

__ __ __ __ __ __

COUP DOUBLE

Complète le mot ci-dessous à l'aide de la même paire de lettres.

H O M O P H O N E

QUI SUIS-JE?

Mon premier est dans pâle mais pas dans tape.
Mon deuxième est dans mare mais pas dans rime.
Mon troisième est dans pa-pa mais pas dans maman.
Mon quatrième est dans merci mais pas dans crème.
Mon cinquième est dans noir mais pas dans rois.
Je suis le fidèle compagnon du magicien.
Qui suis-je?

SALADE DE FRUITS

Trouve le nom d'un fruit auquel tu peux ajouter trois lettres pour obtenir un mot de 8 lettres qui se rapporte aux yeux.

35

OUVRE L'ŒIL !

Combien vois-tu de carrés dans l'image ci-dessous ?

36

À DOUBLE SENS

Trouve l'énigme : la deuxième réponse est la première à l'envers.

TE RENDRAS ∗ VÊTEMENT INDIEN

_ _ _ _   ∗   _ _ _ _

LA BONNE OPÉRATION

Ajoute dans les espaces vides les symboles mathématiques +, −, x ou ÷ de façon à obtenir le résultat indiqué.

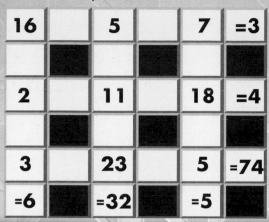

16		5		7	=3
2		11		18	=4
3		23		5	=74
=6		=32		=5	

QUATRE TROUS D'UN COUP !

Quel mot de trois lettres permet de compléter tous les mots ci-dessous ?

_ _ _ V E N T

D É _ _ _ P E R

É _ _ _ L E R

_ _ _ D E

DE LA SUITE DANS LES IDÉES

Les deux dernières lettres de chaque réponse
sont les deux premières de la réponse suivante.

1 beau

2 feuilleter

3 rassasié

4 parasite

5 opposé à ceci

6 on y fait des expériences

7 terre détrempée

1				
2				
3				
4				
5				
6				
7				

SAUTE-LETTRES

Dans cet ensemble de lettres se trouvent
deux mots de cinq lettres désignant chacun
un meuble. Les mots se lisent de gauche à
droite et les lettres sont dans le bon ordre.
De quels mots s'agit-il?

D T I A V A B L N E

/

LABYRINTHE

Peux-tu trouver ton chemin dans ce labyrinthe en t'emparant de tous les robots sur ton passage et ce, sans jamais passer deux fois au même endroit? Quelle sortie emprunteras-tu?

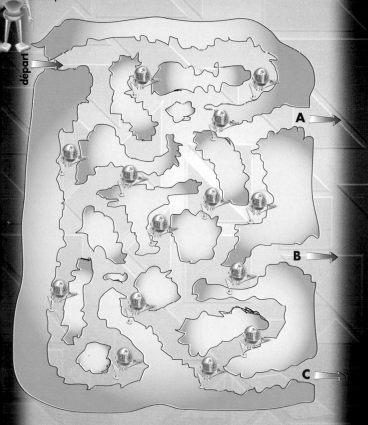

DES ANIMAUX ET DES MOTS

Ajoute le nom d'un animal pour compléter chacun des mots suivants.

1 P _ _ _ _ U I T E

2 C _ _ _ È R E

3 D É _ _ _ S E R

4 G A N G _ _ _ _

LE NOMBRE MYSTÈRE

Quel nombre doit apparaître dans la section vide?

MOTS AU CARRÉ

Utilise toutes les lettres ci-dessous pour remplir la grille de sorte que tous les mots formés se lisent à la fois horizontalement et verticalement.

A	E
A	M
A	M
E	R
E	R
E	R

A			R
R			L

LE MOT DE LA FIN

Quel mot peut s'ajouter aux trois mots ci-dessous pour en former de nouveaux?

TRANS _____

DIS _____

DÉ _____

SUIVEZ LA FLÈCHE !

Voici des panneaux indiquant la distance à parcourir pour aller à Jenesaisoù. Quel nombre devrait apparaître sur le dernier panneau pour continuer la suite ?

129 JENESAISOÙ

JENESAISOÙ 291

192 JENESAISOÙ

JENESAISOÙ 912

219 JENESAISOÙ

JENESAISOÙ ___

UN RENDEZ-VOUS IMPORTANT

Hier, Maxime s'est rappelé qu'il a rendez-vous chez le dentiste le surlendemain. Si nous sommes aujourd'hui mardi, quand Maxime ira-t-il chez le dentiste ?

PLANÈTES EN FOLIE

Peux-tu remettre ces lettres en ordre pour former le nom de cinq planètes de notre système solaire?

① **NETPENU**

② **RAMS**

③ **URANEST**

④ **NOUPLT**

⑤ **UNEVS**

OUVRE L'ŒIL!

Place les six triangles dans la pyramide ci-contre. Les triangles qui se chevauchent doivent être de la même couleur.

50

TRAITS IMPORTANTS

Ajoute un trait à chaque lettre pour découvrir
le nom de quatre pays.

JAPON

PEROU

ITALIE

FRANCE

51

QUATRE TROUS D'UN COUP !

Quel mot de trois lettres permet de compléter
tous les mots ci-dessous ?

```
_ _ _ H E T

D É _ _ _ C O R D

_ _ _ R I F I C E

_ _ _ C A D É
```

MOTS AU CARRÉ

Remplis la grille à l'aide des mots ci-dessous. Les mots doivent se lire à la fois horizontalement et verticalement. Un mot est déjà placé pour te mettre sur la bonne piste.

AMER   PAPA
ANIS   PERD
ARDU   RAMI
ÉLAN   SEIN
ÉTAT   SENS
ÉTUI   SERA
NASA   STAR
NOTE   UNES

Grille : A M E R (placé horizontalement), avec A M E R en vertical.

SAUTE-LETTRES

Dans cet ensemble de lettres se trouvent deux mots de cinq lettres désignant chacun une sorte de chapeau. Les mots se lisent de gauche à droite et les lettres sont dans le bon ordre. De quels mots s'agit-il?

B M É E L R O E T N

/

54

LES EXPLORATEURS PERDENT LE NORD

Peux-tu remettre ces lettres en ordre pour former le nom de cinq explorateurs célèbres?

1. CORMA LOPO

2. SEQJACU TRACIRE

3. SEMJA OKOC

4. PHITOSCREH BLOCOM

5. JANE BATOC

55

MÉLI-MÉLO

Replace les lettres du mot ci-dessous pour former un nouveau mot de 6 lettres.

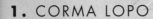

GELAIS

GLAISE

Indice

ARGILE

AU PARC D'ATTRACTIONS

Au parc d'attractions, les manèges se divisent en trois catégories, selon qu'il faut un, trois ou quatre jetons pour y monter.
Valérie monte dans douze différents manèges.
Elle utilise 24 jetons au total.
Elle monte au moins une fois dans un manège de chaque catégorie.
Combien de fois est-elle montée dans des manèges requérant un seul jeton?

LE MOT DE LA FIN

Quel mot peut s'ajouter aux trois mots ci-dessous pour en former de nouveaux?

E N T R E _____

D É _____

M A I N _____

58

À VISAGE DÉCOUVERT

Forme un prénom avec les lettres qui composent ce visage.

59

QUI SUIS-JE?

Qu'est-ce qui est toujours là, au début et à la fin de tout?

60

CAMOUFLAGE

Le nom d'un animal se cache dans la phrase ci-dessous. Trouve-le en joignant des mots ou des parties de mot.

Les fortes vagues surprirent Pierre, qui ne savait pas nager.

AU CUBE !

Lequel de ces six cubes a été fabriqué à partir du plan du centre ?

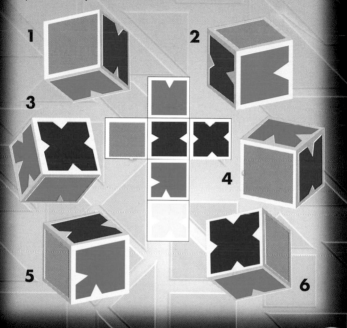

À DOUBLE SENS

Trouve l'énigme : la deuxième réponse est la première à l'envers.

BERGES	*	PUNIR
_ _ _ _ _	*	_ _ _ _ _

63

MÉTAMORPHOSE

Remplis la grille à l'aide des indices. Jusqu'à la rangée 4, chaque nouvelle réponse compte une lettre de plus que le mot précédent. Par la suite, tu dois en retrancher une jusqu'à la rangée 7. Il est possible de changer l'ordre des lettres.

1. avenue
2. frayeur

3. égaré
4. trompera
5. pudique

6. rugueux
7. touffu

64

L'ENTRE-DEUX

Quel mot peut suivre le premier mot et précéder le second?

E A U (P U R É) L A I N E

65

ÉQUATION VERBALE

En te servant de mots qui ont le même sens,
peux-tu créer de nouveaux mots?

BRÈVE _ _ _ _ _

+ EXTRÉMITÉ _ _ _ _ _

= COUVRE-PIED _ _ _ _ _

_ _ _ _ _ _

66

CODE DU BÂTIMENT

Des lettres ont été remplacées par des
symboles. Sachant que le premier groupe
forme le mot «fenêtre», peux-tu déchiffrer
les autres mots qui représentent aussi des
éléments essentiels dans toute construction?

✴☆★☆♣★☆ **F E N Ê T R E**

✴◆☆♣☆ _____

✴☆♣☆❄☉☆★ _____

♣◆❄♣ _____

L'INSTRUMENT MYSTÈRE

Repère dans la grille tous les instruments de musique énumérés ci-dessous. Quand tu auras terminé, il restera douze lettres formant le nom d'un instrument. De quoi s'agit-il?

C	I	T	H	A	R	E	C	E	P	R	A	H	N	C
O	T	R	I	A	N	G	L	E	A	L	T	O	O	O
R	M	A	R	I	M	B	A	H	T	U	L	T	D	R
N	U	O	L	O	C	C	I	P	S	O	C	R	R	N
E	C	O	R	D	E	S	R	A	I	I	E	O	U	E
M	T	U	B	A	S	T	O	V	A	P	O	M	O	T
U	M	A	T	M	A	T	N	N	I	A	G	B	B	N
S	N	G	E	T	A	T	I	N	A	L	T	O	L	E
E	E	N	F	L	U	T	E	D	E	P	A	N	Y	V
L	E	O	C	O	R	T	C	A	I	S	S	E	R	B
A	U	G	S	E	T	G	U	I	T	A	R	E	E	A
B	G	T	C	E	H	A	R	M	O	N	I	C	A	N
M	R	N	H	A	U	T	B	O	I	S	R	O	C	J
Y	O	G	L	O	C	K	E	N	S	P	I	E	L	O
C	O	N	A	I	P	N	O	E	D	R	O	C	C	A

accordéon	cornet	marimba
alto (2)	cymbale	orgue
banjo	épinette	piano
bois	flûte de Pan	piccolo
bourdon	glockenspiel	tambour
caisse	gong	tam-tam
cithare	guitare	triangle
clairon	harmonica	trombone
concertina	harpe	tuba
cor (2)	hautbois	vent
cordes	luth (2)	violon
cornemuse	lyre	

68

MÉLI-MÉLO

Replace les lettres du mot ci-dessous pour former un nouveau mot de six lettres.

P É R I M É

_ _ _ _ _ _

Indice

RÈGNE

69

LA ROUE DES NOMBRES

En tenant compte de la direction des flèches, trouve quel nombre doit figurer dans la section blanche pour continuer la suite.

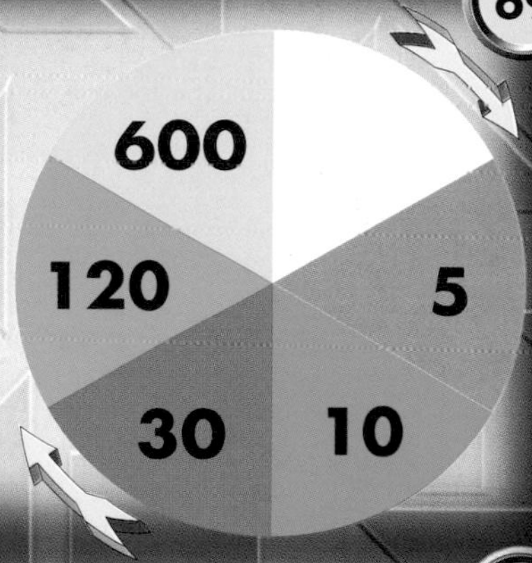

600

120

5

30

10

70

PLUS OU MOINS?

Lequel de ces nombres est le plus élevé: le nombre d'heures dans deux semaines ou le nombre de jours dans une année?

QUATRE TROUS D'UN COUP!

Quel mot de trois lettres permet de compléter tous les mots ci-dessous?

_ _ _ H E R

M O N _ _ _ H I E

D É M _ _ _ H E

_ _ _ H I V E S

LA ROUE DES NOMBRES

Quel nombre doit figurer dans la case blanche pour continuer la suite?

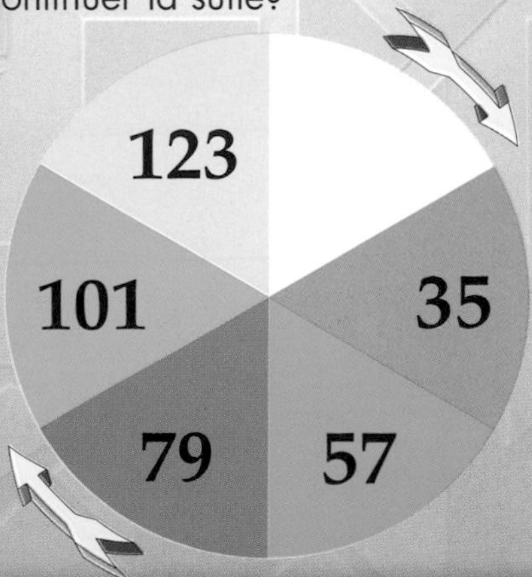

123

35

57

79

101

(74)

SOIRÉE CINÉMA

Voici cinq vidéocassettes.

Elles sont disposées dans cet ordre pour une raison particulière.

L'ordre n'est pas déterminé par la popularité, le coût ni la durée des vidéocassettes.

Tous les renseignements dont tu as besoin se trouvent dans les titres.

Pour quelle raison les vidéocassettes ont-elles été placées ainsi?

Au neuvième trou

LE MONSTRE HIDEUX

Les poissons sont rois

CODE QUATRE-VINGT

Le larcin qui changea sa vie

(75)

LE NOMBRE PASSE-PARTOUT

Complète le mot avec un nombre entier entre UN et DIX.

_ _ _ T I N E

COUP DOUBLE

Complète le mot ci-dessous à l'aide de la même paire de lettres.

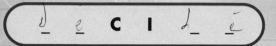

_ e C I _ é

OUVRE L'ŒIL !

Lequel de ces trois livres anciens n'a pas de réplique identique parmi les livres ci-dessous ?

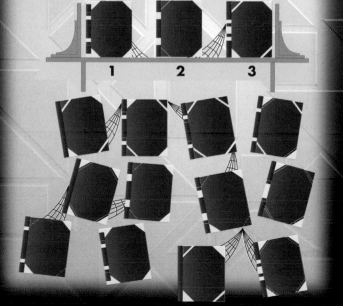

ROBOTS EN DEVOIR

Deux robots entreprennent leur ronde aux
extrémités opposées d'un long tunnel droit.

Le robot A commence au poste qu'on appelle
la zone extérieure tandis que le robot B commence au poste appelé la zone intérieure.

Ils se déplacent exactement à la même vitesse
et ils démarrent exactement au même moment.

Lorsqu'ils se croisent, le robot B se trouve
à un demi-kilomètre de la zone
intérieure.

Quelle est la distance
qui sépare les
deux postes?

SAUTE-LETTRES

Dans cet ensemble de lettres se trouvent deux
mots de cinq lettres désignant chacun un sport.
Les mots se lisent de gauche à droite et les lettres
sont dans le bon ordre. De quels mots s'agit-il?

L U V O T I L T E E

/

MESSAGE SECRET

Retranche les mots de la liste selon les directives. Les mots qui restent forment un message. Quel est-il ?

	1	2	3
A	ligne	choix	passe
B	sablier	écart	doigt
C	une	minute	heure
D	loi	belle	carte
E	plein	seconde	proie
F	journée	froid	soi

Supprime tous les mots qui contiennent la syllabe OI.

Supprime tous les mots de la colonne 1 qui contiennent la lettre « l ».

Supprime tous les mots des rangées C et E qui concernent la mesure du temps.

Supprime tous les mots qui peuvent former le mot « trace » quand on change l'ordre des lettres.

SEPT OU RIEN

En commençant par la rangée d'en haut, déplace-toi d'un nombre à l'autre, horizontalement ou verticalement, pour atteindre le bas. Tu ne peux passer que sur les nombres qui se divisent exactement par 7.

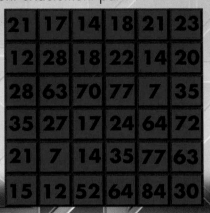

21	17	14	18	21	23
12	28	18	22	14	20
28	63	70	77	7	35
35	27	17	24	64	72
21	7	14	35	77	63
15	12	52	64	84	30

MESSAGE CODÉ

MESSAGE :

IL EXISTE DE NOMBREUX CODES SECRETS.
KN GZKUVG FG PQODTGWZ EQFGU UGETGVU.

Une fois que tu auras déchiffré le code, utilise-le pour répondre à la devinette qui suit :

Quand une automobile tourne à droite, quelle roue tourne le moins vite ?

RÉPONSE CODÉE :

NC TQWG FG UGEQWTU !

La Roue de secour

HUIT DEVINETTES À L'HEURE

À l'aide des indices, complète la grille suivante.
Inscris chaque réponse autour du numéro
approprié dans le sens des aiguilles d'une
montre. La première lettre de chaque mot est
déjà placée.

1. petits gâteaux secs
2. tenue obligatoire
3. coussin servant à soutenir la tête
4. monument funéraire de très grandes dimensions
5. délivrance de ce qui embarrassait
6. démoraliser
7. véhicule servant surtout aux travaux agricoles
8. se dit des climats ni très chauds ni très froids

84

DES PRÉNOMS DE VALEUR

On a attribué une valeur numérique à chacune des lettres qui forment ces prénoms et on
a inscrit la valeur totale de chaque prénom.
Peux-tu trouver la valeur totale de « Nina »?

I A N = 6

A N N A = 6

N I N A = ?

85

À VISAGE DÉCOUVERT

Forme un prénom
à l'aide des lettres
qui composent
ce visage.

MOTS AU CARRÉ

Sachant que tous les mots doivent se lire verticalement et horizontalement, complète les carrés à l'aide des mots ci-dessous. Chaque carré doit contenir le mot « étau ».

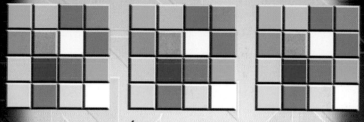

AISE	ÉTAU	LAIE	SEUL
ÂNES	ÉTAU	NOTE	SOFA
ÉTAU	ÎLOT	SELS	SUER

L'ENTRE-DEUX

Quel mot peut suivre le premier mot et précéder le second ?

M A R É E (_ _ _ _ _) M E R

COUP DOUBLE

Complète le mot ci-dessous à l'aide de la même paire de lettres.

_ _ C E R T A _ _

PROBLÈME DE RECYCLAGE

Èva a entrepris une collecte de bouteilles destinées au recyclage.

Durant la première semaine, elle ramasse 10 bouteilles.

Au cours de la deuxième semaine, elle en ramasse le double.

Durant la troisième semaine, elle peut compter sur l'appui de ses amis et sa récolte est deux fois plus importante qu'au cours de la deuxième semaine.

Si la collecte se poursuit à ce rythme, durant combien de semaines Èva devra-t-elle ramasser des bouteilles pour en avoir plus de 300?

ÉQUATION VERBALE

En te servant de mots qui ont le même sens, peux-tu créer un nouveau mot?

ARME OFFENSIVE _ _ _ _ _

+ DÉMENTIR _ _ _ _

= ARTILLEUR _ _ _ _ _ _ _ _

BIS

À l'aide des indices, trouve cinq mots formés de la même syllabe répétée deux fois.

1. commérage	_____
2. costume de danseuse	_____
3. jouet que l'on fait monter et descendre	_____
4. friandise	_____
5. sommeil	_____

QUATRE TROUS D'UN COUP!

Quel mot de trois lettres permet de compléter tous les mots ci-dessous?

D É _ _ _

_ _ _ I È R E

P O _ _ _ E S S E

A _ _ _ É

OUVRE L'ŒIL !

Trouve les deux cartes identiques.

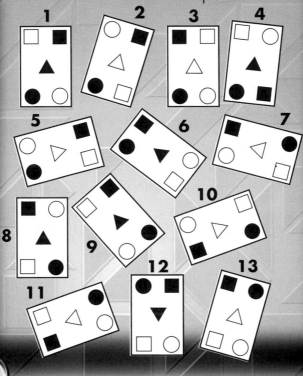

À DOUBLE SENS

Trouve l'énigme : la deuxième réponse est la première à l'envers.

ESPRITS	*	PLANTA
_ _ _ _ _	*	_ _ _ _

CODE FRUITÉ

Des lettres ont été remplacées par des symboles. Sachant que le premier groupe forme le mot « lime », peux-tu déchiffrer les autres mots qui représentent aussi des fruits ?

1 ★ ☆ ✷ ✛

2 ✡ ★ ✷ ✷ ✛

3 ✡ ★ ☆ ✶ ✛

4 ★ ✶ ✩ ✷ ✷ ★ ☆ ✷ ✛

MOTS AU CARRÉ

Trouve cinq mots dans la grille de gauche que tu peux replacer dans la grille de droite de sorte qu'ils se lisent à la fois horizontalement et verticalement. Le premier mot figure déjà dans la grille.

M	M	E	T	O	T
E	P	E	A	O	U
D	H	C	R	V	Q
I	J	A	I	E	S
G	G	W	R	U	S
E	A	M	T	O	T

T	O	T	E	M
O				
T				
E				
M				

MIEUX VAUT PRÉVENIR...

Sur une planète lointaine nommée Igo, les employés de la station d'observation ont pour tâche de scruter le ciel pendant la nuit. Ils doivent être en mesure de détecter tout signe d'invasion de leurs voisins guerriers, les Rotz.

Un matin, le jeune astronome qui était en devoir la nuit précédente demande à voir son supérieur. Il lui confie qu'au cours de la nuit, il a rêvé que les Rotz envahiraient la planète Igo dans deux jours.

L'astronome en chef est déconcerté, mais il décide de mettre les troupes de la planète Igo en état d'alerte pour prévenir toute invasion. Comme le jeune astronome l'avait prévu, les Rotz attaquent, mais ils sont repoussés par les habitants de la planète Igo, qui étaient fin prêts.

Par la suite, le jeune astronome qui a sauvé la planète Igo est convoqué par son supérieur. Ce dernier lui reproche d'avoir manqué à son devoir. Pourquoi ?

LE MOT DE LA FIN

Quel mot peut s'ajouter aux trois mots ci-dessous pour en former de nouveaux?

M O L L E _____

J E _____

T R I _____

TROIS TROUS D'UN COUP!

Pour chaque numéro, trouve un mot de trois lettres qui te permettra de compléter tous les mots.

1. _ _ _ i n e r

r e _ _ _

_ _ _ a n e

2. a _ _ _ e r

o _ _ _

i m _ _ _

3. s y m _ _ _ e

a _ _ _ i r

_ _ _ i d e

100

MÉLI-MÉLO

Trouve les trois mots qui manquent dans cette phrase. Ils sont composés des mêmes lettres placées dans un ordre différent.

Ma tante boit beaucoup de jus

d'_ _ _ _ _ _ et prend chaque jour

un peu d'huile d'_ _ _ _ _ _ depuis

qu'elle a eu sa greffe d'_ _ _ _ _ _.

101

SAUTE-LETTRES

Dans cet ensemble de lettres se trouvent deux mots de cinq lettres désignant chacun des voies navigables. Les mots se lisent de gauche à droite et les lettres sont dans le bon ordre. De quels mots s'agit-il?

C O C A N A É A L N

LES DÉS SONT JETÉS

Un dé compte six faces. Sur chacune d'elles apparaît un nombre différent de points, allant de 1 à 6. Toutes les images ci-dessous représentent le même dé. Quel est le nombre qui devrait figurer sur la face vierge?

TOUT COMMENCE PAR UN MOT

Trouve le mot de trois lettres qui peut s'ajouter aux mots suivants pour en former de nouveaux.

_ _ _ _ _ _ - **N E I G E**

_ _ _ _ _ _ - **M U R A I L L E**

_ _ _ _ _ _ - **O R E I L L E**

104

MOSAÏQUE

Complète cette mosaïque à l'aide des paires de lettres ci-dessous. Une fois terminée, elle doit compter cinq mots se lisant horizontalement et quatre mots se lisant verticalement.

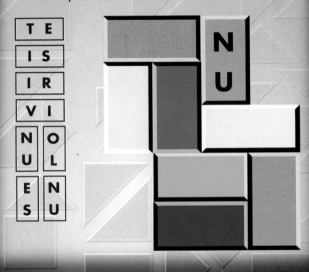

105

LA ROUE DES NOMBRES

Quel nombre devrait figurer dans la section blanche pour continuer la suite?

81

9

63

45

27

QUATRE TROUS D'UN COUP !

Quel mot de trois lettres permet de compléter tous les mots ci-dessous ?

```
A _ _ _ E U R

    _ _ _ E L O T

D R A _ _ _ I Q U E

    _ _ _ E L A S
```

CODE PAS BÊTE

Dans ce code, des lettres ont été remplacées par des symboles. Le premier mot étant « éléphant », peux-tu déchiffrer le deuxième mot ?

É L É P H A N T

À VOS PINCEAUX !

Les membres de la famille Rouleau habitent une maison comptant trois chambres à coucher depuis trois ans. Chaque année, ils peignent toutes les chambres. Ils n'utilisent que trois couleurs (bleu, vert et rouge) et une seule couleur par chambre. Chaque année, ils peignent les chambres d'une couleur différente. Au bout de trois ans, chaque chambre a été peinte dans chacune des trois couleurs.

La troisième année, la chambre A était peinte en vert et la chambre C en bleu.

De quelle couleur était chaque chambre durant ces années ?

	chambre A couleur	chambre B couleur	chambre C couleur
1re année			
2e année			
3e année			

FAIRE LES CHOSES À MOITIÉ

(109)

Quelle est cette façon de communiquer à laquelle on a retranché toutes les lettres de la deuxième moitié de l'alphabet?

_ É L É _ H _ _ E _

CAMOUFLAGE

(110)

Le nom de l'unité monétaire de l'Espagne se cache dans la phrase ci-dessous. Trouve-le en regroupant des mots ou des parties de mot.

Les taupes et autres animaux fouisseurs vivent sous terre.

À DOUBLE SENS

(111)

Trouve l'énigme : la deuxième réponse est la première à l'envers.

LE CONTRAIRE DE « AMONT »	*	NETTOYA
_ _ _ _	*	_ _ _ _

LE CERCLE MAGIQUE

Remplis la grille à l'aide des indices. Toutes les réponses comptent quatre lettres. Inscris la première lettre dans le cercle extérieur, puis continue vers le centre. Une seule lettre change à chaque réponse et une seule lettre différencie la réponse numéro 8 de la réponse numéro 1.

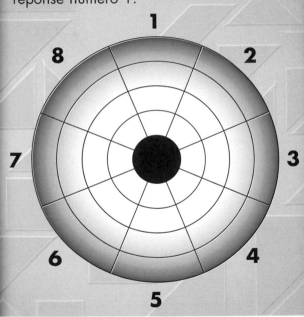

1) application donnée à une chose
2) angle où se rencontrent deux surfaces
3) poil long et rude qui pousse au cou et à la queue des chevaux **4)** audace, sang-froid **5)** sciure
6) tige menue **7)** action de plonger le corps dans l'eau
8) qui est en bonne santé

«U» COMME UNIQUE

À partir de la lettre «U» dans le coin supérieur gauche, déplace-toi vers le haut, le bas, la gauche ou la droite pour atteindre la rangée du bas. Tu ne dois passer que sur les «U» et il n'y a qu'un seul parcours possible!

```
U U U U U U U U U U U U U U U
U O U H N J U U N H B O U S U
U D U U U B U Z U U U U D T U
U U T B U C E R U I M U U E U
B U D U U U U U R D U S T U
A D R U B V C U B V R U U S U
U H A U S U U U U U U U S U
U I U U H U W A M N A T U N U
U U U U A U U U U K R U P C G
U D R T D R A S U U U U U U U
U K A S U B V P U R T U R R U
U U U U U U U U U B A U A U U
U G R T B U Y U U N U U H N U
U T U I I U I U A B N B A E U
U U M U U U L U E U U U U U U
U I J U E P A A D U R D U X N
U T Y U U U U U U B M U U G
U S B I U S H J X L P M U D A
N Y U D K J H E U U U U U N R
U U U U U T G H U M N V C D R
H G U H U U U U U M N U U U Y
U U U O U G B V F R E U C U G
M N U U U U U U U U U Y U V
U U U U X T R I C I R N E U S
O I O U U U U U U U U B M U U
```

114

ÉQUATION VERBALE

En te servant de mots qui ont le même sens, peux-tu créer un nouveau mot?

SPHÈRE _ _ _ _ _

CHIEN DE
+ GARDE TRAPU _ _ _ _ _

= PETIT CHIEN À
MUSEAU APLATI _ _ _ _ _ _ _ _

115

COUP DOUBLE

Complète le mot ci-dessous à l'aide de la même paire de lettres.

_ _ C O R I _ _

116

MÉLI-MÉLO

Replace les lettres du mot ci-dessous pour former un nouveau mot de 6 lettres.

D E V I N A

_ _ _ _ _ _

Indice

CHAIR

(117)

OUVRE L'ŒIL !

Laquelle de ces deux figures est composée d'un cercle parfait?

(118)

L'ENTRE-DEUX

Quel mot peut suivre le premier mot et précéder le second?

V E R T (_ _ _ _ _) N O I R E

(119)

LA RONDE DES LETTRES

En tenant compte de la direction des flèches, trouve quelle lettre devrait apparaître dans la section jaune pour continuer la suite.

Z

U

F

K

P

LA PYRAMIDE

Remets les mots ci-dessous à leur place dans la pyramide. Inscris chaque mot dans une mini-pyramide, formée de trois triangles bleus. La première lettre de chaque mot doit apparaître dans un espace numéroté, la deuxième, juste au-dessus, la troisième, à droite et la quatrième, à gauche. Une lettre est déjà placée pour t'aider à commencer, mais souviens-toi qu'il n'y a qu'une seule solution !

AVEC	CHAT	LAVE
CECI	IRIS	ÔTER

MÉLI-MÉLO

(121)

Trouve les trois mots qui manquent dans cette phrase. Ils sont composés des mêmes lettres placées dans un ordre différent.

Le corps _ _ _ _ _ _ et munis de _ _ _ _ _ _,

les enfants se penchèrent, tels

des _ _ _ _ _ _ picorant le grain, pour

retrouver le minuscule bijou.

LE MOT DE LA FIN

(122)

Quel mot vient après les mots ci-dessous pour en former de nouveaux?

CHAR_____

GA_____

BON_____

LE NOMBRE PASSE-PARTOUT

(123)

Complète le mot avec un nombre entier entre UN et DIX.

_ _ _ _ _ _-**QUARTS**

124 OUVRE L'ŒIL!

Déplace deux lignes seulement pour créer une figure composée de six carrés.

125 QUESTION D'ORIENTATION

Peux-tu déchiffrer ce message codé en sachant que les flèches remplacent certaines lettres de l'alphabet? Espérons qu'elles sauront bien t'orienter!

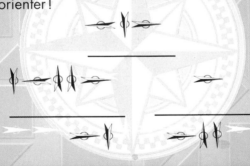

126 À DOUBLE SENS

Trouve l'énigme: la deuxième réponse est la première à l'envers.

EMBAUCHER   *   **GAGNE DE NOUVEAU**

_ _ _ _ _ _ _   *   _ _ _ _ _ _ _

DEMI-SŒURS

Chaque paire de devinettes a pour réponses deux mots semblables, que seule la lettre du milieu différencie l'un de l'autre. De quoi s'agit-il?

1 Exploitation agricole ✱ De sexe féminin

RÉPONSES :

2 Genre, espèce ✱ Là où l'on met les bagages dans un avion

RÉPONSES :

3 Écarlate ✱ Gruge

RÉPONSES :

4 Primate ✱ Sur lequel on s'assoit

RÉPONSES :

5 Dessert ✱ Sœur du père ou de la mère

RÉPONSES :

TRAITS IMPORTANTS

Ajoute un trait à chaque lettre pour obtenir un mot du domaine informatique.

丨Γ⊔∣Ⅎ

129

COLIS PIÉGÉS

Sept colis forment une pile.
Peux-tu déterminer la position
de chacun dans la pile?

Les colis sont noir, bleu, vert,
orangé, rose, rouge et jaune.

Le colis orangé se trouve juste sous
le colis vert et sur le colis bleu.

Il y a trois colis entre le vert et
le rouge.

Le colis rose est au-dessus
du rouge et quatre
autres colis les
séparent.

130

À VISAGE DÉCOUVERT

Forme un prénom
avec les lettres
qui composent
ce visage.

R U
B
N

DANS MON JARDIN FLEURI

En partant du coin supérieur gauche de la grille, déplace-toi dans n'importe quelle direction, sauf en diagonale, pour atteindre le coin inférieur droit. Tu ne dois passer que sur des cases contenant une fleur et une feuille.

SAUTE-LETTRES

Dans cet ensemble de lettres se trouvent deux mots de cinq lettres désignant chacun un oiseau. Les mots se lisent de gauche à droite et les lettres sont dans le bon ordre. De quels mots s'agit-il?

S H E R É R I N O N

/

133

TUTTI FRUTTI

Choisis une lettre dans chaque mot pour former le nom d'un fruit.

1. PIN   RIZ   EUX   NON   FEU

_____

2. SKI   ICI   WEB   PLI

_____

3. MOT   VUE   VOL   ZOO   VIN

_____

4. PUR   BEC   COI   THÉ   FÉE

_____

5. DRU   ARA   TÔT   VIT   JET

_____

134

QUATRE TROUS D'UN COUP!

Quel mot de trois lettres permet de compléter tous les mots ci-dessous?

```
    _  _  _  I  G  N  É  E
 M  _  _  _  B  O  U  T
    _  _  _  B  E  S  Q  U  E
       C  _  _  _  T
```

MOTS AU CARRÉ

Sachant que tous les mots doivent se lire
verticalement et horizontalement, complète
les carrés à l'aide des mots ci-dessous.
Chaque carré doit contenir le mot « éden ».

ÂPRE	ÉDEN	ÉMUE	ONCE
CRUE	ÉDEN	NÉES	PIED
DAME	ÉDEN	NORD	RÊVE

135

QUI SUIS-JE ?

Mon premier est dans coup mais
pas dans poux.
Mon deuxième est
dans haut mais pas
dans taux.
Mon troisième est
dans drap mais
pas dans perd.
Mon quatrième
est dans dent
mais pas dans dette.
Mon cinquième est dans
port mais pas dans proie.
Prête bien l'oreille,
on peut m'entendre !
Qui suis-je ?

136

DE LA SUITE DANS LES IDÉES

Chaque réponse est un mot de quatre lettres. Les trois dernières lettres d'une réponse sont les trois premières de la suivante.

1 excès
2 rapace diurne
3 détériorer
4 est utilisé

LA ROUE DES NOMBRES

En tenant compte de la direction des flèches, trouve quel nombre devrait figurer dans la section vide pour continuer la suite.

78
58
21
59
20
39 40

ÉQUATION VERBALE

En te servant de mots qui ont le même sens, peux-tu créer un nouveau mot?

OCÉAN   _ _ _

+ TRAITEMENT MÉDICAL   _ _ _ _ _

= MÉTAL BLANC ARGENTÉ   _ _ _ _ _ _ _ _

LE CHÂTEAU DE CARTES

Voici une façon de construire un château de cartes.

Prends deux cartes et appuie-les l'une contre l'autre pour créer une «pièce».

Lorsque tu as créé deux «pièces», pose une carte sur le dessus en guise de plancher pour le prochain étage.

Dans un château de deux étages, on utilise sept cartes.

De combien de cartes a-t-on besoin pour construire un château de trois étages?

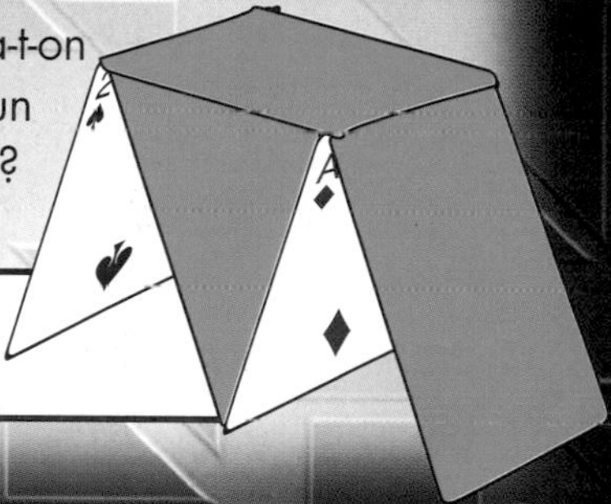

LE MOT DE LA FIN

Quel mot vient après les mots ci-dessous pour en former de nouveaux?

CHAMP_____

CORRECT_____

HABITAT_____

DE A À Z

Il manque 26 lettres dans cette grille.
Complète les cases vides en utilisant toutes
les lettres de l'alphabet, mais une seule fois
chacune !

Biffe chaque lettre de l'alphabet après l'avoir
inscrite. Utilise d'abord un crayon à la mine
de façon à pouvoir effacer et recommencer
si tu te trompes.

Attention, ce casse-tête porte bien son nom !

**A B C D E F G H I J K L M N
O P Q R S T U V W X Y Z**

TOUT COMMENCE PAR UN ZOO

À partir du mot « zoo » qui apparaît déjà dans la grille, place les autres mots au bon endroit.

ADO	ÉPI	RAZ
ÂNE	IFS	RUA
API	LIN	RUE
ARA	LOI	THÉ
CAR	NUS	USE
CET	OBI	
DUR	PUA	

RÉPONSES

1

L'INTRUS

Le cercle C. Dans tous les autres cercles, les motifs et couleurs sont disposés dans le même ordre. Les sections bleue et rouge sont cependant inversées dans le cercle C.

2

MOTS AU CARRÉ

L	A	M	E
A	G	I	R
M	I	R	E
E	R	E	S

3

L'ANNIVERSAIRE DE LÉA

Léa est née le 16 janvier. Le total des jours 1 à 15 s'élève à 120. Le total des jours 17 à 31 s'élève à 360.

4

LE MOT DE LA FIN

rage

5

COUPER LES CHEVEUX EN QUATRE

16	4	35	14	6	12
8	15	36	24	16	8
18	20	16	26	22	16
20	8	11	28	32	14
22	44	48	20	16	24
40	46	18	7	48	2

6 **CAMOUFLAGE**
lama

7 **LE CERCLE MAGIQUE**
1. serre 2. entre 3. brise 4. aînée 5. livre
6. louve 7. boire 8. arbre. À partir du
numéro 7, on peut lire Baseball.

8 **HAUT EN COULEUR**
Orange. Le jaune et le rouge se mélangent.

9 **QUATRE TROUS D'UN COUP!**
ail

10 **CHAQUE NOMBRE À SA PLACE**

11 **QUESTION DE POIDS**
Cinq sacs d'arachides = deux boîtes de jus.
Un sac d'arachides pèse l'équivalent de deux
tablettes de chocolat géantes. Une boîte de jus
pèse l'équivalent de cinq tablettes de chocolat
géantes. Deux boîtes de jus pèsent autant que
dix tablettes de chocolat géantes. Il faudrait
donc cinq sacs d'arachides pour obtenir
l'équivalent de deux boîtes de jus.

12 **À VISAGE DÉCOUVERT**
Jessica

13 **MESSAGE REÇU !**
Hâtez-vous lentement.

14 **À DOUBLE SENS**
état / tâte

15 **TOMBER SUR UN OS**
I H A E C F B G D

16 **LE NOMBRE PASSE-PARTOUT**
sept

17 **LA MINUTE DE VÉRITÉ**
Il est trois heures vingt-cinq. Il y a trente-cinq
minutes, il était deux heures cinquante.

18 **SAUTE-LETTRES**
pomme, poire

19 **LA RONDE DES LETTRES**
UW. Dans chaque espace se succèdent
les lettres de l'alphabet ; une lettre est
omise après chaque lettre.

20 **MÉLI-MÉLO**
pointue

21 **L'ENTRE-DEUX**
jaune

22 **A, B, C**

```
B A S S E     H A C H E     B A C L E
L       C     A       G     R       N
A   O C R E S   A B O L I       I   G
N       L     E         L     B     I
C A C H E     S A U C E     E N C A N
    R E M     T               A B O
    E         I               B O
    M         L               O
B L E U E     A R E T E     R A T E R
E     B       C       P     E     A C
R   B E R G O T   A R B R E   E   C E
C     N       E         I     L   E
E N C R E     S A G E S     S A U T E
    O         I             R
    R         A             N
    N         N             E
B R U N I     C O D E R     C A S S E
I     M       A       A     O     C R
L   M A M I E S   B E B E S   S   R A
A     G       E         O     S   A
N A P P E     R I E N T     U N I O N
```

23 **CODE D'ACCÈS**
souris

24 **AU VESTIAIRE**
13 en tout. Un 2 apparaît sur 12 différentes cases. L'une d'elles, le numéro 22, en compte 2.

25 **MÉTAMORPHOSE**
1. proche 2. roche 3. Roch 4. cor 5. ocre 6. force 7. coffre

16	+	5	÷	7	=3
+		x		+	
2	x	11	-	18	=4
÷		-		÷	
3	x	23	+	5	=74
=6		=32		=5	

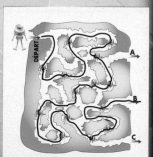

42 DES ANIMAUX ET DES MOTS

1. ours (poursuite) 2. rat (cratère)
3. ver (déverser) 4. lion (ganglion)

43 LE NOMBRE MYSTÈRE

17. Il suffit d'additionner les nombres de la première section, puis d'y retrancher le nombre de la deuxième section.

44 MOTS AU CARRÉ

A	M	E	R
M	A	R	E
E	R	R	A
R	E	A	L

45 LE MOT DE LA FIN

poser

46 SUIVEZ LA FLÈCHE !

921

47 UN RENDEZ-VOUS IMPORTANT

mercredi

48 PLANÈTES EN FOLIE

1. Neptune 2. Mars 3. Saturne
4. Pluton 5. Vénus

49 OUVRE L'ŒIL !

50 **TRAITS IMPORTANTS**
Japon, Pérou, Italie, France.

51 **QUATRE TROUS D'UN COUP!**
sac

52 **MOTS AU CARRÉ**

			P	A	P	A			
			A	M	E	R			
			P	E	R	D			
S	E	R	A	R	D	U	N	E	S
E	L	A	N			N	O	T	E
R	A	M	I			E	T	U	I
A	N	I	S	E	N	S	E	I	N
			E	T	A	T			
			N	A	S	A			
			S	T	A	R			

53 **SAUTE-LETTRES**
béret, melon

54 **LES EXPLORATEURS PERDENT LE NORD**
1. Marco Polo 2. Jacques Cartier 3. James Cook 4. Christophe Colomb 5. Jean Cabot

55 **MÉLI-MÉLO**
glaise

56 **AU PARC D'ATTRACTIONS**
Sept. Sept fois dans des manèges à un jeton, trois fois dans des manèges à trois jetons et deux fois dans des manèges à quatre jetons.

57 **LE MOT DE LA FIN**
tenu

67 **L'INSTRUMENT MYSTÈRE**

Solution : castagnettes

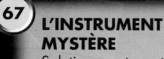

68 **MÉLI-MÉLO**

empire

69 **LA ROUE DES NOMBRES**

3600. Multiplie le premier nombre par 2, le deuxième par 3, le troisième par 4, le quatrième par 5 et le cinquième par 6.

70 **PLUS OU MOINS ?**

Il y a 365 jours dans une année, ce qui est plus que les 336 heures qui s'écoulent en deux semaines.

71 **QUATRE TROUS D'UN COUP !**

arc

72 **LA ROUE DES NOMBRES**

145. Ajoute 22 à chaque section.

73 **OUVRE L'ŒIL !**

le pot B

74 **SOIRÉE CINÉMA**

En joignant deux mots dans chacun des titres, tu peux découvrir un nombre indiquant la position qu'occupe la vidéocassette.

75) LE NOMBRE PASSE-PARTOUT
Sixtine

76) COUP DOUBLE
décidé

77) OUVRE L'ŒIL!
le livre numéro 3

78) ROBOTS EN DEVOIR
Un kilomètre. Lorsqu'ils se croisent, ils ont parcouru la moitié de la distance.

79) SAUTE-LETTRES
lutte, voile

80) MESSAGE SECRET
Passe une belle journée.

81) SEPT OU RIEN

21	17	14	18	21	23
12	28	18	22	14	20
28	63	70	77	7	35
35	27	17	24	64	72
21	7	14	35	77	63
15	12	52	64	84	30

82) MESSAGE CODÉ
La roue de secours. On saute deux lettres pour chaque lettre. «A» devient «C», «B» devient «D», et ainsi de suite.

83 — HUIT DEVINETTES À L'HEURE

1. biscuits 2. uniforme 3. oreiller 4. mausolée
5. débarras 6. déprimer 7. tracteur 8. tempérés

84 — DES PRÉNOMS DE VALEUR

Nina = 8. A = 1, N = 2, I = 3.

85 — À VISAGE DÉCOUVERT

Charlotte

86 — MOTS AU CARRÉ

S	E	L	S
E	T	A	U
L	A	I	E
S	U	E	R

A	I	S	E
I	L	O	T
S	O	F	A
E	T	A	U

A	N	E	S
N	O	T	E
E	T	A	U
S	E	U	L

87 — L'ENTRE-DEUX

haute

88 — COUP DOUBLE

incertain

89 — PROBLÈME DE RECYCLAGE

Cinq semaines. 1re semaine : 10. 2e semaine :
20. 3e semaine : 40. 4e semaine : 80.
5e semaine : 160. Total : 310.

90 — ÉQUATION VERBALE

canon + nier = canonnier

91 **BIS**
1. cancan 2. tutu 3. yo-yo 4. bonbon 5. dodo

92 **QUATRE TROUS D'UN COUP !**
lit

93 **OUVRE L'ŒIL !**
les cartes 5 et 11

94 **À DOUBLE SENS**
âmes / sema

95 **CODE FRUITÉ**
1. lime 2. pomme 3. poire 4. framboise

96 **MOTS AU CARRÉ**

97 **MIEUX VAUT PRÉVENIR...**
Le jeune astronome a dormi pendant qu'il était en devoir.

98 **LE MOT DE LA FIN**
ton

99 **TROIS TROUS D'UN COUP !**
1. but 2. bus 3. bol

108

À VOS PINCEAUX !

1re année : chambre A, bleu ; chambre B, rouge ; chambre C, vert.
2e année : A, rouge ; B, vert ; C, bleu.
3e année : A, vert ; B, bleu ; C, rouge.

109

FAIRE LES CHOSES À MOITIÉ

téléphoner

110

CAMOUFLAGE

peseta

111

À DOUBLE SENS

aval / lava

112

LE CERCLE MAGIQUE

1. soin   2. coin
3. crin   4. cran
5. bran   6. brin
7. bain   8. sain

113

« U » COMME UNIQUE

114 **ÉQUATION VERBALE**
boule + dogue = bouledogue

115 **COUP DOUBLE**
cocorico

116 **MÉLI-MÉLO**
viande

117 **OUVRE L'ŒIL!**
Les deux figures sont composées de cercles parfaits.

118 **L'ENTRE-DEUX**
olive

119 **LA RONDE DES LETTRES**
A. On parcourt l'alphabet en sens inverse et en reculant de quatre lettres à chaque section.

120 **LA PYRAMIDE**
1. chat 2. ôter 3. lave 4. iris
5. ceci 6. avec

121 **MÉLI-MÉLO**
souple, loupes, poules

122 **LE MOT DE LA FIN**
ton

123 LE NOMBRE PASSE-PARTOUT
quatre

124 OUVRE L'ŒIL !

125 QUESTION D'ORIENTATION
Les flèches représentent des points cardinaux. N pour nord, S pour sud, E pour est et O pour ouest. Le message se lit comme suit : Osez sonner chez ces gens.

126 À DOUBLE SENS
engager / regagne

127 DEMI-SŒURS
1. ferme / femme 2. sorte / soute
3. rouge / ronge 4. singe / siège
5. tarte / tante

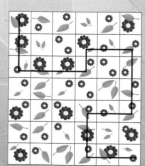

132 SAUTE-LETTRES
serin, héron

133 TUTTI FRUTTI
1. prune 2. kiwi 3. melon
4. pêche 5. datte

134 QUATRE TROUS D'UN COUP!
ara

135 MOTS AU CARRÉ

O	N	C	E
N	O	R	D
C	R	U	E
E	D	E	N

E	D	E	N
D	A	M	E
E	M	U	E
N	E	E	S

A	P	R	E
P	I	E	D
R	E	V	E
E	D	E	N

136 QUI SUIS-JE?
chant

137 DE LA SUITE DANS LES IDÉES
1. abus 2. buse 3. user 4. sert

138 LA ROUE DES NOMBRES
77. Il faut tour à tour retrancher 1 ou ajouter 20 à chaque nouvelle section.

139 ÉQUATION VERBALE
mer + cure = mercure

140 LE CHÂTEAU DE CARTES
15. Trois pièces au rez-de-chaussée = 6 cartes. Deux pièces au premier étage = 4 cartes. Une pièce au dernier étage = 2 cartes. Deux autres cartes sont utilisées pour le premier plancher et une pour le second.

141 LE MOT DE LA FIN
ion

DE A À Z

 143

**TOUT COMMENCE
PAR UN
ZOO**

Q	U	A	R	T		N	E	Z
	N		O	U				E
K	I	W	I		A	S		B
	S		S	A	V	O	I	R
C		J		G	E	L		E
A	M	E	N	E			T	
D		U			P	O	U	F
R	E		H	A			T	A
E		O		Y	E	U	X	

R	A	Z		L	O	I
U		O	B	I		F
A	D	O		N	U	S
		U				S
A	R	A		C	E	T
N		P	U	A		H
E	P	I		R	U	E